Träume, die das Leben schreiben

Meinen Eltern, meinem Mann und meinen Kindern
gewidmet, in Liebe und Dankbarkeit.

Jana Schenke-Krämer

Träume, die das Leben schreiben

Lyrische Gedanken

Alle Rechte bei der Autorin
Herstellung: Books on Demand GmbH, Norderstedt
ISBN 3-8330-0792-3

Inhalt

Blick in die Realität

Du schaust aus dem Fenster in die Realität,
bis du merkst, dass du im Dunkeln stehst.
Du musst erkennen, dass du erblindet bist.
Deine Gedanken sind dort,
wo du nicht sein kannst und nie sein wirst.
Du denkst über Leute und Probleme nach,
bis du merkst, es ist nur ein Traum.
Du suchst dich darin und versuchst
so zu werden und zu leben.
-       Doch es ist nur ein Traum-

In einem kleinen Tagebuch,
schreibst du über dich und deine Probleme.
Du suchst darin Zuflucht, weil du das nicht bist,
wofür du dich hältst.
Dann kommt dir mit einmal die Frage,
wer du eigentlich bist.
-       Doch alles ist nur ein Traum -

Du hast deine Vorstellungen begraben,
nun trauerst du darüber.
Du schreist, weil du es nicht verstehen kannst,
dabei stürzt du in den Abgrund.
Keiner will dich verstehen, keiner will dir helfen.
-       Doch alles ist nur ein Traum -

Du gehst, du rennst,
wirst immer schneller und verrennst dich.
Nun endlich hast du deine nackte Hilflosigkeit erkannt.
Du bittest jemand um Hilfe,
schaust ihn an und glaubst nicht, dass er dir helfen kann.
-    Doch alles ist nur ein Traum -

Geh hin zu den Menschen, nimm die Hilfe an.
Alle wollen nur dein bestes.
Komm weg von deinen Träumen,
denn du bist wach.
Schau aus dem Fenster in die Realität.
Du stehst nicht im Dunkeln,
du kannst alles sehen.
Erst dann wirst du merken,
-    Es ist kein Traum -

Bilder aus längst vergangener Zeit

Jede Nacht wenn sich müde meine Lider schließen
Kreisen tausend Gedanken wild in meinem Kopf umher
Wirres Durcheinander aus längst vergangener Zeit

Ich zwinge mich zu hören - kein Laut dringt hindurch
Ich versuche laut zu schreien - kein Ton dringt über
meine Lippen
Ich sehe Bilder immer wieder Bilder - gleichzeitig nah
und fern
Bilder tausendfach übereinander

Ein Bild scheint stärker durch als alle anderen
Noch sehe ich es verschwommen
Kann nicht zuordnen was es darstellt
Erscheint wie ein Negativ mit schwacher Umrandung

Ich zwinge mich alles Erlebte noch einmal zu durchleben
In der Hoffnung das Bild deutlicher zu erkennen
Ich sehe Stürme stärker als ein Orkan
Ich sehe lodernde Feuer glühender als ein Vulkan
Ich sehe reißende Fluten endend in einem Wasserfall
Ich sehe Wolkenkratzer höher wie der Himmel
Dazwischen maskenhafte Gesichter ohne Gefühl

Bilder immer wieder Bilder - gleichzeitig nah und fern
Schmerzhaft durchdringen sie meinen Körper
Tausend Gedanken aus längst vergangener Zeit
Bis du plötzlich vor mir stehst
Strahlende Wärme meinen Körper durchflutet
Mein zartes Lächeln dich fragend ansieht
Ohne Zögern streckst du mir deine Hand entgegen

Nie werde ich deinen Anblick vergessen nie die Schmetterlinge im Bauch
Mein freier Fall ins schwarze Loch aufgefangen durch deine Liebe
Dieses Bild ist stärker als alle anderen
Farbenfroh erscheint es
Verdrängt sind alle Gedanken
Aus längst vergangener Zeit

Das Ende unserer Zweisamkeit

Eines Tages sagtest du
Dass du mich nicht mehr liebst.
Der Weg mit mir zu lange wär,
und du einen neuen gehst.
Die Zeit sei nun gekommen
Ein Abschied unserer Zweisamkeit.

Mein Herz wollt nicht mehr schlagen
So tief war ich getroffen.
Mein Verstand wollt nicht mehr denken,
gedankenlos im tiefen Nichts.
Jegliche Regung war versteift,
mein Körper verwandelte sich in Eis.

Du bist für immer von mir gegangen,
hast mich im Stich gelassen.
Unsere Träume nur noch Schall und Rauch
Nichts ist uns geblieben
Außer die Erinnerung an eine schöne Zeit.
Viele Fragen sind geblieben
Warum - wieso - weshalb

Erst Jahre später, als die Einsamkeit verschwand
Und ich mein Glück erneut gefunden
Hab ich dich aus allen meinen Träumen verband
Wo immer du dich heute befindest
Für mich bis du ein Sandkorn am Strand.
Ohne Schmerzen laufe ich darüber
Und genieße mein neues Familienglück

Dem Horizont entgegen

Einmal mit dem Segelboot
Dem Horizont entgegen
Wellenreiten über Meere
Über Atlantik und Pazifik

In Sonnenaufgänge blicken
Die den Himmel bunt bemalen
Wenn die ersten Sonnenstrahlen
Die Meere zart berühren

Goldenzart die Strahlen funkeln
Millionen leuchtende Kristalle
Sich wie ein Glitzerzauberteppich
Über die schlafenden Wellen legen

Dazu träumen bis der Tag erwacht
Ringsherum ein Wellenspiel
Wo Delphine mit mir sprechen
Mir einen Tanz der Freude offerieren

Wenn Poseidon sich erhebt
Mit tosendem Geschrei
Sich das Meer zum Sturm aufbäumt
Reißende Fluten mit sich zieht

Kann es doch mein Traum nicht erschüttern
Einmal segeln bis zum Horizont
Wochenlang schon unterwegs
Dabei ferne Länder durchquert

Wellenstürme überstanden
Klimafronten kalt und heiß
Sternenklare Nächte die sich spiegeln
Bis endlich dem Ziel ganz nahe

Dem Horizont entgegen segeln
Stehe ich mit Spannung an der Reling
starre auf das glitzern funkelnde Wellenspiel
und träume den Traum meiner Träume

Der Schatten meines Selbst

Gefolgt vom eigenen Schatten
vorbei am purpurrotem Mohnblumenfeld
angehaucht vom giftgrünem Sauerampfer
Speichel leckende Spur einer tiefschwarzen Nachtschnecke
entlang dem fettfleischigem Grasstängel

vorbei am wilden Fluss, der unruhig die Landschaft streift
noch immer gefolgt vom eigenen Schatten
Geistesentwichene Flucht vor dem eigenen Ich
im Spürsinn meiner Leere, willenloses Dasein
sehne ich mich nach meiner Identität

verzweifelt schaue ich in den Spiegel
und sehe nichts - keine Gestalt die mich umgibt
lodernde Flammen brennen sich durch mein Herz
lichtdurchflutet, doch es bleibt dunkel
nach der Seele suchend - erkenne ich - ich bin ein Nichts

noch immer gefolgt vom eigenen Schatten
renne ich den langen Tunnel entlang
die Röhre so eng, dass ich kaum stehen kann
sehe ich doch am Ende ein kleines Licht
Schritt für Schritt dem goldenen Schein näher
Spüre wieder Wärme die mich umgibt

Das Ende des Tunnels endlich erreicht
grelles Licht welches mich blendet
bunte Blumenwiese auf der ich stehe
wärmende Gefühle durchwandern meinen Körper
wieder eins mit meinem Ich
Ohne gefolgt vom eigenen Schatten

Die Feder in meiner Hand

Vor mir dieses leere weiße Blatt
starr mein Blick darauf
hoffend auf neue Gedanken
blockiert - ich bin verloren
Leere - nur noch Leere

Plötzlich ohne zu merken was passiert
erstrahlt das Blatt vor meinen Augen
in einem wundersamen Lichtermeer
so schnell wie das Licht erschienen
so schnell erscheint das Dunkel
was bleibt ist ein Rätsel
eine Feder auf meinem Blatt

Wie von einer magischen Kraft geführt
greift meine Hand nach dieser Feder
ohne die Gedanken frei zu öffnen
erscheint Wort für Wort auf dem Papier
quält mich nun die Frage
wessen Gedanken schreibt die Feder

Immer wieder versuche ich mich zu lösen
von dieser geheimnisvollen Feder
doch keine Macht der Welt
kann sie von meinen Händen trennen
erst als unzählige Seiten vollgeschrieben
fällt die Feder flammenweich aus meiner Hand

Voller Magie wie sie gekommen
so rätselhaft ist sie entschwunden
zurück bleiben viele beschriebene Blätter
wo ich mich immer noch frage
wessen Gedanken kommen da zu Tage
mit größter Spannung beginne ich zu lesen

Mit jeder Zeile die ich verschlinge
werden unbeschreibliche Gefühle in mir wach
die Bitterkeit und Freude in meinem Leben
von der Trauer bis zum vollendeten Glück
sind auf diesen Seiten beschrieben
hatte die Feder doch keine magische Macht
denn alles was dort geschrieben
sind meine Gedanken - mein Inneres
was niemand weiter kennt.

Rückblick des Lebens

Längst vergangen ist die Zeit des Krieges
Als Kind hast du gewartet
Auf den Vater der im Kampf gefallen
Niemals zurückgekehrte
Mit Hilfe deiner Brüder
Hast du die Tränen deiner Mutter getrocknet
Bis die Jahre ins Land zogen

Mit gestopften Hosen und kaputten Schuhen
Gingst du mit Büchern unter dem Arm
Ein Dorf weiter in die Schule
Wissbegierig hast du gemeistert
Die Lehre für dein späteres Leben
Ein Beruf erlernt als Melker
Mit dem Schemel vor der Kuh

Später wie die Einberufung kam
Hast du gedient als junger Soldat
In dieser Zeit hat dich getroffen
Der Pfeil der wunderbaren Liebe
Da stand sie mit ihren langen blonden Locken
Blaue Augen zuckersüßer Mund
Helga war ihr zauberhafter Name

Gefangen im Taumel des Glücks
In inniger Zweisamkeit
Die Zeit vollkommen
Beim Läuten der Hochzeitsglocken
Mit dem Ja-Wort geschworen
In Liebe und Leid

Die Jahre vergingen im täglichen Einerlei der Arbeit
Noch nichts eingebüsst
Von der Wahl des Lebens
Fast schon begraben der Traum vom Kind
Bis eines Tages
Ein Baby ganz allein sucht Vater und Mutter
Ohne zu zögern war euch klar
Dieses Kind soll euer Glück besiegeln

Die Pflicht rief immer wieder in die Weite
Mutter und Kind blieben daheim
Wenn du jedoch in der Nacht heim kamst
War die Freude immer riesig
Deine vielen Geschichten und Geschenke
Waren für das Kind das Beste
Freudentränen des Weidersehens

Jahre später
Das Kind ging schon in der Schule
Kam der Umzug in die Mitte Berlins
Neues Leben schwere Zeit bis der Alltag alle eingeholt
Auch das Neue wurde wunderschön
Das Wachsen des Kindes mit anzusehen
Gemeinsam in den Urlaub fahren
Wie in den letzten vergangenen Jahren

Die Zeit die man nicht anhalten kann
Sie fließt wie ein Bach im Tal entlang
Die Falten im Gesicht werden mehr
Der Gedanke ans Altern rückt näher
Dein Kind schenkte dir Enkel
Drei Jungen sagen voller Stolz Opa zu dir
Jeder Altersabschnitt eine wunderbare Tugend

Die Pflicht das war immer dein Leben
Die Arbeit eine treue Herzenssache
Leistung war stets dein Grundsatz
Mit allen Höhen und Tiefen
Doch nun wohl verdient gehst du ins Rentnerglück
Gemeinsam mit deiner Helga in ferne Länder reisen
Und ausgeruht im bunten Garten liegen

Dies anzuerkennen ist heute die Gelegenheit
Dir zu danken für alles was du getan im Leben
Dank für deine Tüchtigkeit
Deine Charakterfestigkeit und deine Haltung
Dank für den besten Vater oder Opa der Welt

Ein Traum fliegt durch die Welt

Schwerelos den Wind berühren
Mit den Wolken über Meere ziehen
Wie ein Engel mit jedem Regentropfen
Auf den Sonnenstrahlen reiten
Mit dem bunten Regenbogen der Erde entgegen
Ein Traum fliegt durch die Welt

Landung mitten im Paradies
Auf einer grünen Wiese stehen
Umgeben von bunten Bäumen
Deren Gipfel die Himmelspforte streicheln
Umgeben von glasklaren Bächen
Wo jeder Sonnenstrahl funkelt wie ein Kristall
Sich jede Seele spiegelt und zeigt das wahre Gesicht
Ein Traum fliegt durch die Welt

Umgeben von unberührter Natur
Wo nie zuvor ein Mensch gewesen
Kein Unterschied von Krieg und Frieden
Nicht vorhanden von Gut und Böse
In sich vereint zu einem Wunderwerk
Unantastbar wie Gott sie erschaffen
Dieser Traum fliegt durch die Welt

Meine Gedanken sind verloren

Völlig durchnässt stehe ich im Regen
Salzige Tränen vermischt
Mit taufrischen Tropfen
Überfluten mein verzerrtes Gesicht

Kann nicht glauben was ich sehe
Stehe vor den Trümmern meines Lebens
Hast mich beraubt um meines Glücks
Die Gedanken sind verloren

Hast dich fort geschlichen aus dem Leben
Bist gegangen ohne Abschied
Mich allein gelassen mit dem Kind
Wie soll ich es ihm erklären

Tage voller Glück sind unendlich verloren
Unsere Liebe war stets ein Band aus Stahl
Der Stern den du mir einst geschenkt
Ist erloschen - genauso wie dein Herz

Quälende Gedanken kreisen durch meinen Kopf
Rinnsal meiner Tränen im Gesicht
Schwarz gekleidet stehe ich im Regen
Umringt von anstarrenden Gestalten
Die mir mitleidig sagen, es tut mir leid

Vor mir steht der Sarg aus Eichenholz
Wunderschön auf Rosen gebettet
Die Erde in der Hand vermischt mit meinen Tränen
Küsse ich dich ein letztes Mal, sag Lebwohl
Ruhe in Frieden

Bei Vollmond

in der Nacht
wenn der Vollmond erwacht
und den Himmel erhellt

wenn Millionen Sterne funkeln
als stünde der Horizont in Flammen
und von Diamanten umschlungen

fließen meine Träume so klar
wie das leise Rauschen des Flusses
der mit zarten Wellen
sich den Weg zum Ozean bahnt

Angst vor dem Versagen

Immer wenn ich neue Ziele vor den Augen
Plagen mich die Zweifel an mein Glauben
Erneut will ich die Schulbank drücken
Will erneut mich wagen über Brücken
Doch ich habe Angst vor dem Versagen

Denken - Lesen - Schreiben Tag und Nacht
Tausend Gedanken ordnen mit Bedacht
Wohldosiert schaffe ich mir dann ein Pensum
Damit ich mich nicht drehe im Kreis herum
Doch ich habe Angst vor dem Versagen

Nächtelang liege ich im unruhigen Schlaf
Träume von der Prüfung am nächsten Tag
Werde ich allen Erwartungen gerecht
Mit dem erlernten Stoff zum letzten Gefecht
Doch ich habe Angst vor dem Versagen

Dann stehe ich am Tage der Entscheidung
Vor der Prüfung mit eleganter Kleidung
Kann sofort die meisten Fragen beantworten
Die Gedanken öffnen mir spontan alle Pforten
Und da hatte ich Angst vor dem Versagen

Amors Pfeile

Jeden Tag auf´s Neue
Wenn du nach Hause kommst
Und vor mir stehst
Denke ich an den ersten Augenblick
An dem sich unsere Blicke trafen

Als hätte Amor seine Pfeile auf uns gerichtet
Hätte gewusst, dass wir zusammen gehören
Raum und Zeit in einer Sekunde verloren
Um uns herum war alles egal
Unsere Herzen verschmolzen in Liebe vereint

Jeden Tag auf´s Neue
Warte ich voller Hoffnung auf dich
All die Jahre haben uns nichts angetan
Amors Pfeile stecken immer noch in uns
Eine Liebe wie am ersten Tag

Das Leben schenkt uns jeden Tag ein Lächeln
Ob es regnet oder die Sonne scheint
Auch wenn die Realität oft gnadenlos
Trotzen wir ihr mit unserer Liebe entgegen
So dass niemand unsere Pfeile zieht

Auf ewig sind wir Amor dankbar
Das er seine Pfeile auf uns gerichtet
Selbst unsere Kinder halten sich daran fest
So kann uns niemand trennen
Eine starke Liebe wie am ersten Tag.

Galaxie der Träume

Mit dem Raumschiff durch die Galaxien
Ständig neue Welten bereisen
Ohne an die eigene Welt zu denken
Abseits der Realität zwischen den Sternen

Merkwürdige Planeten ohne Existenz auf Leben
Schattendasein seiner eigenen Phantasie
Nebelverschwommene Gedanken
An eine reale Welt in mir

Fliegen durch das Schwarze Loch
Wie ein Tunnel ohne Ausweg
Um irgendwo am Ende
Dem weiten Lichtstrahl entgegen

Zeitzonen mit Hypergeschwindigkeit durchfliegen
In einer Sekunde zehn Jahre vergehen
Ohne zu merken wie das Leben vorüberzieht
Gedankenlos im Weltall schweben

Mit dem Raumschiff durch die Milchstrasse
Millionen Sterne an einem vorüberziehen
Am Ende in einen Sternenstrudel kommen
Bis zur Besinnungslosigkeit träumen

Mit dem Raumschiff durch die Galaxien
Begleitend von urwüchsigen Astroiden
Vom schwebenden Weltraummüll umgeben
Sattelitensturm und alles durch unsere Schuld

Bleibt die Frage nach der Verantwortlichkeit
Wie lange wird unsere Welt noch existieren
Durch unsre Hände wird der Weltraum zerstört
Werden unsere Träume millionenfach vernichtet

Kinderherzen

Wenn Kinderaugen lachen
Ist die Welt so wunderbar
Bunte Farben spiegeln
Kleine Herzen schlagen
Ohne Rast und Ruh
Sorgenfrei durchs Leben

Doch was ist
Wenn sie plötzlich nicht mehr lachen
Wenn Kinderaugen weinen
Sie kummervoll verstummen
Die Herzen nicht mehr schlagen
Und die Mutter muss ihr Kind begraben

Erst dann wird uns bewusst
Was Kinder für unsere Welt bedeuten
Die Verantwortung die wir übernehmen
Um sie glücklich zu erziehen
Damit die bunten Farben spiegeln
Und die kleinen Herzen schlagen

Doch der Mensch
Der die Natur und sich selbst zerstört
Bomben auf unschuldige Kinder fallen lässt
Im täglichen Kampf zwischen Krieg und Frieden
Nie wird dieser Mensch begreifen
Dass er Millionen Kinderaugen schließt

Kommen muss der Tag
An dem die Welt aus diesem Trauma erwacht
Der Tag wo alle Seelen begreifen
Dass die kleinen Kinderherzen
Mit ihrem unbekümmerten Lachen
Eine neue Welt erschaffen

Gleis 8 - Zug nach Hoffenstadt

Bahnsteig 8 - ich fahre zu dir
Kalter Wind - Zigarette im Mund
Ewiges Warten - Gedanken bei dir
Blick zur Uhr - die Zeit ist um

Minuten später - aus den Träumen gerissen
Aus dem Nichts - zwei Lichter im Nebel
Mit lautem Geschrei - der Zug rollt ein

Endlich zum Halten gebracht- die Türen springen auf
Massen von Menschen drängeln hinaus
In Eile zum nächsten Gleis
Mit dem Gegenstrom - ich steige ein

Ein Sitzplatz am Fenster - den Blick in die Weite
Wieder in die Welt der Träume - abseits der Realität
Bahnsteig 8 - verschwindet wieder im Nebel
Mit dem Zug nach Hoffenstadt - endlich bei dir

Herbstgeflüster

Wenn beim ersten Hahnenschrei am Morgen
Der Mond noch immer scheint am Horizont
Sich der frische Morgen-Tau über die Felder legt
Die Stadt mit einem zarten Nebelschleier überzieht
Liegt der Gedanke auf der Hand
Der Herbst zieht übers Land

Wenn beim Hinsehen auf das Thermometer
Mich ein leichtes Frösteln überzieht
Scharenweise Vögel durch die Lüfte fliegen
Um den langen Weg gen Süden anzutreten
Liegt der Gedanke auf der Hand
Der Herbst zieht übers Land

Wenn an lauen Spätsommerabenden
Das Holz schon knistert im Kamin
Kinder ihre bunten Drachen steigen lassen
Und das Laub sich golden färbt
Liegt der Gedanke auf der Hand
Der Herbst zieht übers Land

Wenn Altweibersommer zart die Flüsse streichelt
Stürmische Winde durch die Wälder fegen
Durch das Moos die Pilze wachsen
Und die Hirsche auf Freiersfüßen sind
Liegt der Gedanke auf der Hand
Der Herbst zieht übers Land

In der Hitze der Nacht

Schlaflos liege ich meinem Bett
Kein Auge kann ich schließen
Alle Fenster offen in der Nacht
Die Hitze dringt durch alle Poren

Schlaflos rege ich mich auf dem Kissen
Ändere ständig meine Lage
Sehe hinaus zum offenen Fenster
Dem sternenklarem Himmel entgegen

Schlaflos fange ich an zu weinen
Weil die Müdigkeit mich übermannt
Tausend Gedanken die mich quälen
In der Hitze dieser Nacht

Schlaflos zähle ich die Schäfchen
In der Hoffnung endlich einzuschlafen
Ein kurzer Blick zum Wecker verrät
Es ist bald Zeit für einen neuen Tag

Noch immer schlaflos liege ich im Bett
Starre mit offenen Augen zu den Sternen
Plötzlich spüre eine sinnliche Schwere
Ich schlafe ein in der Hitze der Nacht

Zeit des Lebens

In Leidenschaft der Liebe empfangen
erblüht zur Frucht in meinem Leibe
genährt vom Wasser des Lebens
gehalten vom Faden des Glücks
bis zum Erwachen in dieser Welt
gespürt unter meinem Herzen
du musst etwas besonderes sein

Die Zeit, die seit dem vergangen
Tag für Tag
tausend Berge bezwungen
Wochen für Wochen
nächtliche Stürme überstanden
Monat für Monat
die Luft zum atmen erkämpft
Jahr für Jahr
dich wie ein Floß getragen
gespürt in meinem Herzen
du musst etwas besonderes sein

Nun ist meine Zeit gekommen
vollbracht das Werk der Leidenschaft
Schwingen so groß wie ein Adler
dem Sonnenuntergang entgegen
getragen bis ans Ende der Welt
mit allen Gedanken des Lebens
Freud und Leid mit dir geteilt
der Realität meines Körpers entwichen
doch stets in meinem Herzen gespürt
du bist etwas besonderes

Love Angel

Jeden Tag im Internet
Surfen durch die Welt
Von einem Chatraum in den anderen
Immer auf der Suche nach dir

Nachdem ich dich gefunden
Eines Nachts im Love-Chat
Pochendes Herz so wundervoll
Mit den Gedanken bei dir

Schon dein Nickname hat verraten
Du musst ein liebender Engel sein
Love Angel hast du dich genannt
Hast virtuell mit mir geflirtet
Bis zum Anbruch des neuen Morgen

Im Flüsterraum nur wir beide alleine
Niemand konnte uns stören
Du sagtest mir wie sehr du mich liebst
Auch ohne dass ich vor dir stehe

Um mich herum war alles verloren
Meine Gedanken waren nur noch bei dir
Die Realität spielte keine Rolle
Lass mich bitte nie wieder los

Was ist wenn wir uns das Erste mal sehen
Die virtuelle Welt für einen Augenblick verlassen
In der Realität uns gegenüber stehen
Wird einer dem anderen dann immer noch sagen
Du bist mein Engel - ich liebe dich

Mein Herz klopft so laut wie ein Presslufthammer
Tausend Gedanken durchzucken dabei
wie Stromschlag meinen Körper
Schweißgebadet meine Stirn vor Angst
Dass mein gemaltes Bild von dir zerstört

Love Angel jede Nacht im Internet
Treffen wir uns im Flüsterraum
Lass uns weiter lieben virtuell
Cyberflug im Love Chat

Nie wieder in mich mehr sein

Was einst als Liebe begann
Wie strahlendes Licht in meinem Leben
Voller Hoffnung fiel ich in seine Arme
Und fühlte mich wie im siebten Himmel

Er nahm mich an die Hand und zog mich hinter sich her
Doch der Weg führte immer mehr in die Finsternis
Der Weg war steinig voller Qual und Pein
Seine Schläge - ich spüre sie noch heute

Er legte mein Herz in Ketten und zog so fest er konnte
Drum herum eine Mauer aus Stein baute ich mir selbst
Wie versteinert ohne Kontakt nach außen
Verlor ich den Sinn des Lebens

Blind für alles was um mich herum geschah
Stumm aus Angst vor seiner Wut
Taub für seine Worte die mir schmerzten
Mein eigenes Ich fast verloren bis ich dich traf

Stein für Stein bautest du meine Mauer ab
Löstest die Kette die fest mein Herz umschlungen
Behutsam mit viel Gefühl führtest du mich wieder ins
Licht
Dank deiner Liebe hat mein Leben wieder einen Sinn
Nie wieder möchte ich ein in mich mehr sein

Menschen - wie Du und Ich

Die Welt ist groß, und doch so klein
Mittendrin der Mensch, der sieht

Viele Augen sehen viel
Sehen weit, was doch so nahe
Sehen hoch, was doch so tief
Sehen Menschen, die keine sind
Warum?

Traum von einer glücklichen Welt
Wo Menschen sind, die sich verstehen
Ob schwarz, ob gelb, ob weiß
Im Prinzip ist das doch gleich

Warum?

Der Mensch, der nichts dafür kann
Dass die Natur ihn so geschaffen hat
Das Gesetz darf nicht geändert
Weil die Farbe einem nicht gefällt
Warum?

Wir alle sind nur Menschen
Genau wie du und ich
Gemeinsam sollten wir sehen
Und nicht blind daneben stehen
Das ist des Lebens Sinn
Darum!

Oldie-Night

Zweimal im Jahr ist Discozeit
alle stürmen zur Oldie-Night
jung gebliebene End dreißiger und höher
rocken ohne Pause hin und her

Voll gerammelt der Saal mit Menschen
dröhnend laute Musik
das alle Wände wackeln
verqualmte Atmosphäre
die Luft zum Schneiden
wildes Raunen durcheinander
alle scheinen sich zu verstehen
doch niemand versteht ein Wort

Köpfe aneinander gepresst wohin man sieht
mit Mimik und Gestik sich unterhalten
Lippen bewegen wie Fische im Aquarium
kreischende Zurufe, schallendes Gelächter
mit einem Glas Bier in der Hand
haltend wie ein Zepter

Umschlungene Körper beim Tanzen
zarte Berührungen und wilde Küsse
ohne Wahrnehmungen um sich herum
wie verliebte Teenies an diesem Abend
träumende Schwärmereien
wo denn die eigene Jugend geblieben

Erst der Anbruch des neuen Tages
holt die Oldies in die Realität zurück
todmüde - mit 1,0 Promille im Blut
kaum noch der Stimme bemächtigt
mit lallendem Geschwätz
verabschieden sie sich alle
und freuen sich schon jetzt
in einem halben Jahr
-zur nächsten Oldie-Night.-

Schlaflos

Völlig übermüdet
Fast die Augen zu
Sitze ich an meinem Tisch
Schreibe die Gedanken

Völlig übermüdet
Schlafwandelnd meine Schritte
Laufe ich zum Fenster
Starre auf die Sterne

Völlig übermüdet
Gedanklich stets bei dir
Stehe ich vor deinem Bett
Schaue dir beim Träumen zu

Völlig übermüdet
Innerlich so aufgewühlt
Lege ich mich doch zu dir
Meine Augen fallen zu

Schlaf, endlich Schlaf

Sehnsucht brachte die Erkenntnis

Allein sitze ich am Ufer.
Silberglänzend das rauschende
Wasser des Flusses.
Allein - umfangen von meinen Sorgen,
wirre Gedanken - unruhiges Wellenspiel.

Schaue auf den Fluss - träume von einem Floß,
einfach drauf und los,
wann kommt dieses Floß?

Großer Fluss, sieh mich an!
Quelle des Lebens, was soll ich tun?
Weit, weit fort möchte ich,
doch die Richtung kenn ich nicht.
Blick nach oben - Himmel blau,
Blick nach unten - endlose Tiefe,
Blick nach hinten - mein Dasein seelenlos,
Blick nach vorn - verschlossene Wand.

Schaue auf den Fluss - träume von einem Floß,
einfach drauf und los,
wann kommt dieses Floß?

Großer Fluss, silberfarbenes Wunder,
dein Glanz verzaubert mich.
Tag und Nacht möchte ich sitzen bei dir,
deinem Wellengesang lauschen.
Getroffen vom tiefen Schmerz,
will ich erkennen, wofür es sich zu leben lohnt.

Schaue auf den Fluss - träume von einem Floß,
einfach drauf und los.
Wo ist dieses Floß?

Kein Floß wird kommen,
mein Warten - vertane Zeit.
Muss mein Floß mir selber bauen.
Will mich nie mehr treiben lassen,
ich steige drauf und los.
Mit dem Steuer in meiner Hand,
treibe ich nie gegen eine Wand.
Den Kurs muss ich selbst bestimmen,
ohne Blick nach hinten - mich besinnen.

Schaue auf den Fluss - selbst gebautes Floß,
einfach drauf und los.

WARUM?

Viele Jahre hab ich dich gesucht
Bilder im Kopf mir ausgemalt
Wer du bist und wie du aussiehst
Immer wieder mir die Frage gestellt
Nach dem Warum

Immer wieder stand ich vor dem Spiegel
Habe gesucht nach meinem ich
Oft seelenlos ins Spiegelbild geschaut
Mich gefragt woher ich komme und wer ich bin
Quälend gefragt nach dem Warum

Die Suche hatte plötzlich ein Ende
Als ich endlich wusste wo du bist
Geschrieben hatte ich dir einen langen Brief
Worauf du gleich gekommen bist
Nervös ein letztes Mal gefragt
Nach dem Warum

Nun standen wir uns gegenüber
Du hattest Tränen in den Augen
Nahmst mich fest in deine Arme
Und drücktest mich an deine Brust
Nichts kam über meine Lippen
Außer ein leises Warum

Die halbe Nacht haben wir gesessen
Du erzähltest mir dein ganzes Leben
Ich sah dir tief in die Augen
Und wusste in diesem Moment
Nie wird eine Antwort kommen
Auf das Warum

Später als dich besuchte
Warst du so kalt wie Stahl
Deine Blicke verrieten mir
Dass alles eine Lüge war
Und du fragtest mich
Nach dem Warum

Warum ich einfach so gekommen
Ohne dich vorher zu fragen
Ich hätte so dein Leben zerstört
Nur ein heimliches Treffen war dein Sinn
Deine Vergangenheit vor allen verstecken
Und nie zu antworten
Auf das Warum

Meine Vorstellungen jahrelang von dir
Habe ich nun begraben müssen
Alle Bilder die ich hatte ausradiert
Du hast mich ein zweites Mal verstoßen
Mich mit jedem Satz belogen
Und mir nie eine Antwort gegeben
Auf das Warum

Meine Gefühle hast du zwar verletzt
Doch die Liebe die ich im Leben erfahren
Kannst du mir nicht ersetzen
Heute bin ich froh dass du mich nicht gewollt
Und nun will ich nicht mehr wissen
WARUM

Tausend Meilen bis zum Ziel

Innere Unruhe die mich begleitet,
immer wieder Schritt für Schritt,
Tausend Meilen meines Lebens
wirre Gedanken, die mit mir spielen,
deren Sinn ich nicht begreife.

Bilder, die tausendfach gesplittert,
aus dem Land der Träume und Phantasien,
bis zum Schrei des Erwachens
in der teuflisch realen Welt.

Schweißgebadet öffne ich die Augen
und sehe erneut, was mich so quält,
es ist die Welt, die sich verändert,
die aus Angst sich selbst betrügt,
wo Wahrheit und Lüge kaum zu trennen,
wo viele Menschen erblinden,
sie die Augen vor der Realität verschließen,
ohne den Weg von tausend Meilen,
jemals zu Ende gehen.

Tränenfeucht meine Augen brennen,
bei den Bildern dieser Welt,
sehe ich doch in meinen Träumen
eine ganz normale heile Welt,
wo auch das Ziel von Tausend Meilen
von jedem Individuum erreicht.

Tausend Jahre Schlaf sind nun vorbei,
auch ohne einen Kuss vom Prinzen,
sollte die Welt jetzt endlich erwachen
und mit offenen Augen, Schritt für Schritt
bis ans Ziel der Tausend Meilen gehen.

Traumwelt

Im Traum hast du dir geschaffen
Deine eigene innere Welt
In der du dich einsam verbürgst
Und dich niemand berühren darf

Ohne dabei zu sehen,
wie sehr es dich einengt
so wirst du das Geschehene nicht begreifen
öffne dein Herz für deinen Liebsten

wenn du dir im Traum eine Welt aufbaust
sieh nach vorne und nicht nach hinten
wenn die Leute auf dich zugehen
lass sie teilhaben an deiner Welt
nur so wird deine Traumwelt eines Tages
zu einer bunten fröhlichen und realen Welt

Stinkende Großstadt

Immer wieder wenn ich durch die Großstadt laufe,
sehe ich dieselben Bilder vor mir.
große graue Häuser, die mich erdrükken,
stinkende Schornsteine, die mir das Atmen erschweren,
kreischender Lärm auf den Straßen, der alles übertönt.
Menschen die hektisch aneinander vorbeihetzen,
mit ihren maskenhaften Gesichtern,
nur darauf bedacht, niemals zu spät zu kommen,
Menschen die nach oben schleimen und
nach unten treten, mit ihrer gleichgültigen
Hektik, die derart abgestumpft.

Wenn ich durch die Straßen laufe,
träume ich von einer anderen Welt.
Eine Welt die nie existieren kann.
Ich wünschte, ich hätte eine rosarote Brille
durch die ich meine Welt sehen kann.

Eine Welt die so wunderschön,
bunte Häuser die mir ein Lächeln entlocken,
wenn ich sie sehe,
saubere Luft, die mich jeden einzelnen Atemzug
genießen lässt,
glasklare Flüsse, die mitten durch die Straßen fließen,
und deren Farbe sich der Stimmung des Himmels anpassen,
Menschen die sich nicht mit einer Waffe gegenüberstehen,
Menschen die stets mit einem Schmunzeln im Gesicht
sich auf die nächsten Tage sorglos freuen.

Hupende Autos neben mir
reißen mich aus meiner Traumwelt heraus
und ich laufe weiter durch die Straßen
der stinkenden Großstadt.

Ein starkes Volk

In Windeseile geht eine Nachricht um den Globus
Ein Volk getroffen von der Macht des Terrors
Ein Symbol der Welt in sich zerbrochen
Tausende Herzen unter sich begraben

Nicht begreifend was passiert
Lähmende Stille bis zum Erwachen
Schreiende Menschen auf den Straßen
Ohne Orientierung in alle Richtungen
Kinderaugen erstarren
Weinen um ihre Mütter und Väter
Frauen beweinen ihre Männer
Männer ihre Frauen

Was niemand je gewagt zu denken
Ist traurige Realität
Entsetzt vor den Augen der ganzen Welt
Feige und hinterhältig
Der Terror erhält ein neues Gesicht

Doch nicht begraben ist der Stolz der Nation
Mit vereinten Kräften
Der Kampf dem Terror angesagt
Kein Versteck ist sicher egal in welchem Land
Der Ruf nach Vergeltung
Schreit in alle Welt
Nicht ungestraft bleiben darf diese Tat

Unfassbar über das was geschehen
Darf die Zeit dabei nicht stille stehen
Wie Phönix aus der Asche
Wird das Volk neu auferstehen
Aus dem Schmerz der tiefen Trauer
Wird sich neue Kraft entwickeln
Wird neues Leben entstehen
Werden Kinderaugen wieder lachen

Mit jeder Träne die vergossen
Werden neue Steine gesetzt
Wird ein neues Symbol gebaut
Mit jedem Gedanken an die Opfer
Wird die Welt noch mehr zusammenrücken
Gemeinsam für den Frieden kämpfen
Damit so etwas nie wieder geschieht
Ein Volk so stark wie Amerika

Wie heil ist meine Traumwelt

Wie soll ich mir meine Traumwelt aufbauen
Wenn jeder Gedanke im Ansatz zerstört wird
Jeder sagt - mach was aus deinem Leben
Doch niemand sagt wie oder gibt dir einen Rat
Die eigene Schiene bauen und auf ihr fahren
Doch was ist - wenn es der falsche Zug war
Auf dem man siegessicher aufgesprungen ist

Erst wenn alle Bemühungen zu spät sind
Und somit deine Traumwelt für immer zerstört
Braucht niemand sich zu fragen oder zu wundern
Dass keiner mehr auf den anderen hört
Sich jeder nur noch der nächste ist
Und zu allen sagt - lasst mich einfach in Ruhe
Helft euch selber und schmiedet euer Glück

Doch wo ist dann meine Traumwelt geblieben
Die ich in all den Jahren für mich aufgebaut
Tief verwurzelt in meinen innigen Gedanken
Alle Hoffnungen wurden im Wandel der Zeit zerstört
Und das Gute im Menschen erweckt das Schlechte in mir
Wie tief muss ich noch in meinem Leben graben
Um das reine Urquell meiner Selbst zu finden

Gedanken - die mich jeden Tag aufs neue quälen
Gedanken - nach dem eigentlichen Sinn des Lebens
Gedanken - die nur mir alleine gehören
Und die niemand mehr mir stehlen kann
Mit all diesen Gedanken und Träumen
Werde ich mir eine eigene neue Welt aufbauen
Meine eigene heile Traumwelt

Worte

wie versteinert
nicht bewegen
sitz ich da
und blick ins Leere

ohne Gedanken
keine Gefühle
starren mich fragend an
tasten des Computers

finger reglos drauf
und nichts passiert
wie was wo und
wer mit wem

zeit vergeht
bis in die Nacht
plötzlich regt es sich
ein Gedanke nach dem andern

das erste Wort zu sehen
kommt mir vor wie im Traum
noch eine Zeile, dann ist es getan
eine Poesie - so wunderbar

Vier Jahreszeiten

Zartes Grün die Wiesen zieren,
süsser Duft die Knospen sprießen,
Vogelmelodie im Morgentau,
gekommen ist der Frühling.

Himmelblau die Wolken ziehen,
bunte Felder, wilder Mohn,
Grillen zirpen im Schilf des Teichs,
leichte Brise durch den Sommer.

Bunt bemalt sind Wald und Flur,
Sturm geblasen, die Flut die Deiche bricht,
Drachen steigen, Kinder lachen,
die schönste Zeit im Herbst.

Schneeweiß die Berge hoch,
eis erstarrt, Flüsse aus Kristall,
kahle Gipfel kalte Nacht
märchenhaft im Winter.

Weltoffen

Geh mit offenen Augen durch die Welt
Verschließe sie nicht aus Angst
Wenn du was erreichen willst
Greife nach den Sternen

Plane mit vollen Händen deine Zukunft
Setze ein Stein nach dem anderen
Wenn Tiefschläge dein Weg auch pflastern
Am Ende entsteht eine Straße

Glaube an das Gute im Leben
Auch wenn es dich noch nicht entlohnt
Bei jedem kommt irgendwann die Zeit
Die Zukunft steht für dich bereit

Zeit die nie vorhanden

Ständig auf der Suche nach der Zeit
pausenlos rennen,
hetzen von einem zum anderen Termin
immer in der Hoffnung es zu schaffen
bis du merkst, es ist zu spät.

Der Strom des Flusses
unbändig - wild und doch glasklar
ständig fließend, ohne Halt
Den Berg erklommen in kürzester Zeit
hoch empor dem Himmel entgegen

Frei wie ein Vogel in der Luft
Schwingen breiten im Wind
Atmen ohne zu denken - welcher Schadstoff
rennen dem Horizont entgegen
Wellenreiten - wie das Peitschen der Brandung

Ein Leben ohne Zeit die nie vorhanden
Dasein - Freiheit grenzenlos
Träumen in den Tag hinein
ohne aufzuwachen und die Realität erkennen
Wunschdenken der Zeit die nie vorhanden

Jahrtausend-Flut

Tagelang der Regen auf die Erde peitscht
Begleitet von der Urkraft Sturm und Hagel
Die Natur die sonst so wild und schön zugleich
Von uns Menschen stets in ihrem Sein verändert
Gibt uns wieder einmal eine Antwort
Auf das was wir ihr angetan
Eine nie da gewesene Flut zieht durch das Land

Flüsse und Bäche über die Ufer treten
Willenlos sich ihre Wege bahnen
Unermessliche Kraft des Wassers
Erbarmungslos reißt es alles mit sich
Häuser - Strassen - Autos - einfach alles
Gnadenlos und ohne Wiederkehr
Eine nie da gewesene Flut zieht durch das Land

Tausende von freiwilligen Helfern im Einsatz
Versuchen unermüdlich sich der Wasserkraft zu stellen
Mit Sand gefüllte Säcke - die einzige Waffe die sie haben
Bauen sie meterhohe Schutzdämme entlang der Flüsse
Dann folgt banges Hoffen und Beten der Menschen
Ob die Deiche die Wassermassen halten oder brechen
Eine nie da gewesene Flut zieht durch das Land

Vielerorts den Kampf verloren steigt das Wasser
unaufhörlich
Ohnmächtiges Zuschauen der Menschen unter Tränen
Wie ihnen alles genommen durch die Kraft der Flut
Die sich unaufhaltsam durch die Städte schiebt
Hab und Gut und ganze Existenzen mit sich reißt
Zentimeter für Zentimeter sich die Pegelstände erhöhen

Bleibt nur noch die Frage - wann das Wasser wieder sinkt
Eine nie da gewesene Flut zieht durch das Land

Schon jetzt gehen die Schäden in die Milliarden
Doch wenn das Wasser wieder normal im Flussbett fließt
Sich aus allen überfluteten Orten entfernt hat
Dann erst wird das Ausmaß mit vollem Entsetzen sichtbar
Was bleibt - ist ein mit Schlamm übersäter Teppich
Vermischt mit allem was das Wasser mit sich riss
Menschen stehen verzweifelt vor dem Nichts
Sekunden an ein Wiederaufbau nicht zu denken
Eine nie da gewesene Flut zieht durch das Land

Ein ganzes Volk nimmt Anteil und rückt in der Not zusammen
Gemeinsam packen alle mit an - damit der Wiederaufbau beginnen kann
Unterstützt von Millionen freiwillige Spenden des ganzen Landes
Niemand soll denken dass er allein gelassen in der schweren Stunde
Doch die Bilder dieser gewaltigen Flut werden sich in die Herzen brennen
Die Natur hat uns mit der Kraft des Wassers damit gezeigt
Was passiert wenn der Mensch sich nicht bald ändert
Diese nie da gewesene Flut ist eine Jahrtausend-Flut